Les Lettres de Bigard

7-13, boulevard Paul-Émile-Victor – Île de la Jatte
92521 Neuilly-sur-Seine Cedex
www.michel-lafon.com

Jean-Marie BIGARD

LETTRES

Michel LAFON

Directeur d'ouvrage
Bertil Scali

Préface de Yann Moix

Cher Marquis de Bigard,

Vous me voyez ravi, malgré la pressante manie qu'ont mes contemporains de me coller sur le crâne – de toutes leurs forces vilaines – la maligne étiquette « intellectuel », de préfacer ce considérable recueil rempli de vos épistolaires prouesses.

Entendez que je sais, parfaitement bien, à qui je m'adresse : au Voltaire de la flatulence, au Boileau de l'entrefesson !

Vous êtes, cher Maître, le chantre définitif des déjections, le saint patron des excréments. Sans la considérable autorité que vous manifestez en ces domaines encore bien mal considérés, il est fort probable que les enfouis vices de la nature et autres camouflés aspects de nos intimités infâmes fussent à jamais restés interdits à la science de nos contemporains. Contemporains qui, se cachant pour satisfaire leurs biologiques besoins, ne se cachent plus pour rire de concert devant les scéniques hommages que vous rendez, sans discrimination d'aucune sorte, à la plus bénigne de leurs blennorragies comme à la plus infecte de leurs diarrhées.

Lorsque vous chantez la brène, ce sont les bourbeux travers de notre société malade qu'en réalité vous fustigez. Dès que vous décrivez les selles, on comprend que c'est là une lecture dûment adaptée à la pénétration des humaines inclinations, dans ce que celles-ci ont de plus abject. La colique que vous décrivez n'existerait point sans l'homme pour la produire. Toute charogne a le parfum qu'elle mérite.

Vos lettres, Monsieur le Marquis, resteront, dans notre littérature qui se pince le nez, comme un attentat contre ce bon goût que les mondanités nous poussent à défendre, à incarner même, tandis qu'aussitôt rendus – paravent dressé, rideaux tirés – à nos irréfragables instincts, nous redevenons les purs cochons que vous dites.

Nous sommes des hypocrites, Monsieur. Ces yeux que nous ne voulons ouvrir que sur les officielles merveilles de l'Univers, vous les éclaboussez, non sans génie, de cette inverse matière, impropre sans doute à la consommation, mais nullement indigne à la considération : la matière fécale. Fèces, énurésie, menstrues, vesses et autres productions de la Nature se voient, par votre courageux magistère, en quelque sorte réhabilitées, pour ne pas dire anoblies.

Cet ingrat travail, il fallait que quelqu'un l'opérât. Vous le fîtes, vous mîtes les mains à la pâte, si vous me passez l'expression. Et quelle pâte ! Grâce à vous, étrons et purins, enfin, auront droit de cité de nouveau, comme du temps que Rabelais, votre ancêtre en les rires, les convoquait pour en maculer ses lecteurs ravis.

Alors, Monsieur le Marquis, cher ami – si vous me permettez ce vaniteux accès de familiarité –, je tenais, tout simplement, à vous remercier ; à vous remercier pour les faramineuses fragrances que vous répandez sur le monde ; à vous remercier pour les fruits que vous faites mûrir sur ce fumier qui s'appelle la France, et dont vous distillez les gaz pour les rendre hilarants.

Yann Moix

Lettre à la Mort

Ma chère Mort,

Je voudrais d'abord te remercier pour ta ponctualité. Tu es toujours pile à l'heure, jamais une seconde en avance, jamais une seconde en retard… Bravo !!!

Comment n'aurais-tu pas au moins cette élégance… Franchement, c'est un minimum… Puisque tu vis en permanence dans la certitude qu'à la fin c'est toi qui vas gagner. Lamentable, désolant, petit… minable. Au fond, je te plains. Quelles sont tes joies ? Je n'aimerais pas être à ta place. Comme au tennis, tu es sûre que c'est toi qui vas gagner la dernière balle de match… Sûre et certaine… Sauf que tu n'as jamais d'applaudissements, n'est-ce pas ??? D'autant que le dernier coup, tu le donnes, non pas avec une raquette, mais avec une faux. SALOPE !… Rien que pour cela je pourrais t'assigner pour faux et usage de faux !…

Eh bien figure-toi que moi, à mon enterrement, dans l'église, mes amis feront avec leurs mains ce que le cœur ne sait pas faire : ils m'applaudiront, moi et mon cercueil, que je veux bardé de tes sponsors, que j'ai tellement aimés : J & B, Marlboro, Ricard, et mes chers vins de Bordeaux.

Direction le crématorium, qui brûlera TOUT, en te faisant voir une dernière fois monter de la cheminée jusqu'au ciel mon fier PANACHE.

Pardon Edmond !

Jean-Marie Bigard

Lettre au Bon Goût

Cher Bon Goût,

Si je veux, mettre des chaussettes mauves avec un pull orange, je le fais !... OK !?!... C'est quoi cette dictature ?!...

Et j'écris peut-être avec mes pieds, mais je t'emmerde.

Pardon : Sache-le !

Je te salue quand même parce que je suis poli.

Jean-Marie Bigard

LETTRE AU PÈRE NOËL

Mon cher Père Noël,

Je sais que tu existes, faut pas me la raconter à moi, j'ai 58 ans, OK!!!

Je ne suis plus un enfant, d'accord?... et j'ai eu le temps de mener mon enquête!

Alors réponds-moi s'il te plaît... Ou un texto!!!

Le petit Jean-Marie

(Tu sais, le train électrique du 25 décembre 1960!... t'avais même mis deux wagons de marchandises en plus!)

P.-S. : Ta femme est une traînée. Et c'est pas un cadeau!!!

Lettre à ma Bite

Ma chère Bite,

Merci. Tu as tellement fait d'allers-retours, et souvent au même endroit.

Tel un pompier pyromane, tu as tellement allumé de feux, et tu en as tellement éteint.

N'écoutant que ton courage, tu as bravé les glaires, les pertes blanches, les mycoses, et autres staphylocoques… Bravo !

Tu es mon étendard… Et qu'on ne vienne pas me dire « sanglant » !

Jean-Marie Bigard

P.-S. : En fait tu es comme moi, tu as de plus en plus de mal à te lever le matin !…

Lettre au Dimanche

Mon cher Dimanche,

Je ne sais pas si tu en es conscient, mais c'est à cause de TOI qu'il y a des samedis soir.

Jean-Marie Bigard
Edddouuuuaaaarrrddd
Rrrrrrraaaaaoooouuuuuull

1er P.-S. : Merci à Schoum, Hepatoum, Citrate de Bétaïne, Efferalgan, Primpéran, Vogalène, et pardon si j'en oublie…

2e P.-S. : Normalement le dimanche c'est pour se reposer, pas pour vomir… Vivement lundi !…

3e P.-S. au lecteur : Remarque, le dimanche c'est pas mal pour mourir, ça finit bien la semaine !... C'est pas un hasard si les vieux regardent Drucker le dimanche !... Pardon Michel !...

Lettre à mon Titre

Mon cher Titre,

LES LETTRES DE BIGARD

Tu avais comme concurrents :

Thérapie de bistrot

Songe d'une nuit normale

Des sourires et des hommes

ou

Allez tous vous faire enculer,

mais qui étaient moins bien !!

L'Auteur

LETTRE AU TRÉSOR PUBLIC

Mon Trésor,

Tu m'écris régulièrement, tous les quatre mois. Sache que j'apprécie ton affectueuse rigueur.

Mais je me demande si tu m'aimes VRAIMENT !

Et si tu n'en voulais qu'à mon pognon ??...

Tu me coûtes plus cher que ma femme, et tu m'encules.

Alors ne t'étonne pas de recevoir cette lettre de rupture.

On faisait une bonne équipe, gagnant-gagnant, et tu as tout foutu en l'air !

Moi j'ai toujours été réglo, et toi, jamais un petit « merci », jamais un mot gentil, jamais un petit bisou : tu as trop tiré sur la ficelle !

Tu as un mauvais fond.

Tu finiras tout seul.

Et sache que si les bons comptes font les bons amis, je pourrais très bien transférer les miens à l'étranger... CONNARD !... Tu as de la chance que j'aie des principes, en tout cas... T'ES PLUS MON COPAIN !...

Jean-Marie BIGARD

Lettre à la Peur

Ma chère Peur,

Pardonne-moi ce ton un peu agressif, mais tu es chiante, vraiment chiante. Donne-nous le bon dosage, s'il te plaît.

Par exemple : dans la rue, quelqu'un se met à tirer au pistolet sur tout ce qui bouge.

Si j'ai « UN PEU » peur, je me couche aussitôt sous une voiture, et j'attends que ça se passe.

Si j'ai « UN PEU PLUS » peur, je me mets à courir en zigzag, et là, à tous les coups, je me fais une entorse.

Si j'ai « TROP » peur, je tétanise, je reste sur place, debout, comme un con… On ne peut pas me louper, et du coup je meurs.

Le dosage, bordel ! LE DOSAGE !

Autre exemple :

J'ai « PAS DU TOUT » peur que le chien me bouffe, et le chien ne me bouffe pas.

J'ai « UN PEU » peur que le chien me bouffe : le chien me grogne.

J'ai « TROP » peur que le chien me bouffe, et le chien me BOUFFE.

Jean-Marie BIGARD

P.-S. : Ma seule peur, c'est que tu ne comprennes rien à cette lettre.

Lettre à la Terre

Ma chère Terre,

À l'heure où je t'écris cette lettre, tu dois bien rigoler…

Vache immortelle, tu chasses d'un coup de queue les sept milliards de mouches qui t'importunent, tout en ruminant tranquillement le Temps…

Parmi ces mouches, les plus drôles, de loin, sont celles qui prétendent veiller sur toi, te protéger…

Te protéger ??!!… mais de quoi ??!!??

Si tu voulais, un seul petit pet d'un seul de tes petits volcans anéantirait presque toute vie sur Toi.

Une période glaciaire de trente ou quarante mille ans représenterait pour toi un petit somme, une micro-sieste, en quelque sorte.

Puis, une fois débarrassée de ton manteau de poussière, tu pourrais à nouveau te faire dorer la pilule au soleil… et… deux ou trois cent mille ans plus tard, pourquoi pas, quelques mouches réapparaîtraient. Tu redonnerais alors quelques petits coups de queue, en souriant à celles qui se font tellement de souci pour Toi !!!

Et tu auras une pensée bienveillante, j'en suis sûr, pour cette humanité qui scie avec une ardeur incroyable la branche sur laquelle elle est assise…

Respect à Toi.
Jean-Marie Bigard

Lettre au Pardon

Mon cher Pardon,

Quand je t'écris, j'ai l'impression de m'écrire à moi-même… Sans prétention aucune. Je t'adore. J'adore t'accorder, j'adore te donner, j'adore te recevoir. Tu es pour moi PARFAIT !

En lisant cette lettre, tu vas peut-être me prendre pour un LÈCHE-CUL… NON, franchement, tu m'as toujours apporté la paix.

Nonobstant, permets-moi de citer la Bible avec mes mots à moi (pardon Seigneur). Y a un mec qui vient voir Jésus, et il lui dit : « J'ai pardonné sept fois à un homme qui me court sérieusement sur le haricot : est-ce que ça SUFFIT ?! Est-ce que j'ai le droit maintenant de l'envoyer "paître", pour être poli ??!! »

Et Jésus lui répond : « Non, tu devras lui pardonner sept fois soixante-dix-sept fois. »

La réponse est claire : il faut continuer à pardonner… Mais pas à l'infini !

7 fois 77 fois, ça fait 539 fois. Il y a donc une limite ! À raison d'une connerie par jour, par exemple, ça fait un peu plus d'un an et demi, après quoi tu peux donc envoyer chier ce connard !

Plus sérieusement, je pense que Jésus veut dire qu'à partir d'un certain stade, si ton intégrité est menacée, tu dois choisir ta survie, car une vie vaut une vie.

Merci d'exister,
Jean-Marie BIGARD

Lettre à mes Ennemis

Mes chers Ennemis,

Surtout ne changez rien !

Restez comme vous êtes !

Je vous connais bien depuis longtemps, et je dois dire que je me suis attaché à vous. Vous êtes ma seconde peau, ma protection, mon armure.

Quel autre ennemi nouveau, inconnu, pourrait m'atteindre ?

AUCUN !

Cette armure est parfaitement étanche, la détruire équivaudrait pour moi à partir sur le champ de bataille en chaussettes… et, à coup sûr, me faire abattre d'une balle dans le dos, tirée par un ennemi indélicat, qui se régalerait de ma mort sans même me connaître, sans même savoir qui il a tué, sans même avoir pris le temps de m'apprécier, me jalouser ensuite, me détester, me haïr… Non, franchement, je ne mérite pas ça !

Alors, protégez-moi, mes chers Ennemis, et vieillissons ensemble tranquillement… en famille !!

Bien à vous,
Jean-Marie BIGARD

Lettre à mon Oreille Gauche

Ma chère Oreille Gauche,

Je t'écris un peu plus gros parce que tu n'entends rien !!!

Mais je t'aime bien. Tu es moins sensible aux insultes que ta sœur, qui prend tout au pied de la lettre.

Ta sœur, à qui je m'adresse presque tout le temps, en te tournant le dos à toi. Ta sœur qui attire ma bouche chaque jour davantage… Elle attire non seulement ma bouche, qui se tord à droite, mais aussi un peu mon nez.

J'ai même peur de finir un jour en Picasso, avec les deux yeux du même côté !!

Toi, ma chère Oreille Gauche, tu es peut-être handicapée, mais tu restes toujours bien à ta place. Tu vis dans la solitude, sans broncher, et tu portes mes lunettes aussi bien que ta sœur.

Pour cela je t'embrasse, je t'aime, et encore pardon pour ce soir, tu n'auras pas de voisin de table.

Jean-Marie BIGARD

À table je m'installe

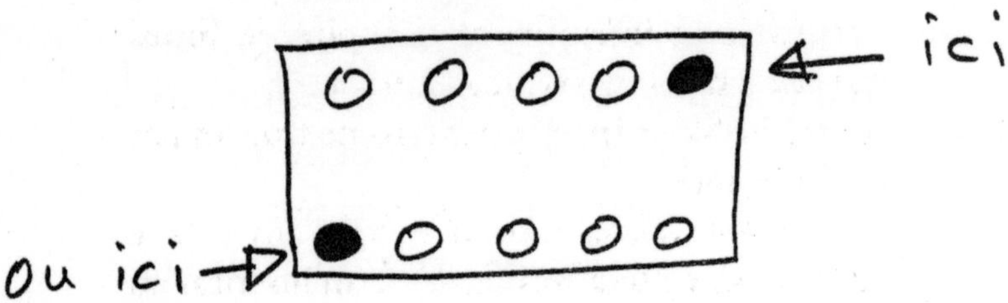

P.-S. : C'est drôle je me branle de la main droite et c'est toi qui as morflé !…

Lettre à la Soif

Ma chère Soif,

J'ai entendu parler de Toi, je sais que tu existes mais je ne t'ai jamais rencontrée !?

Peut-être que je devance toujours l'événement... ?!!

Je n'ai jamais soif et pourtant je bois tout le temps... c'est dingue, non !?...

Alors surtout ne me prends pas pour un Adepte de la potomanie, cette manie de boire de l'eau à chaque instant de la journée, non... moi, ce serait plutôt la dipsomanie : « Besoin irrésistible et intermittent de boire de fortes quantités de boissons alcoolisées. »

Irrésistible et Intermittent, tu ne trouves pas ça drôle, toi ?...

Bon, je te laisse, et si un jour j'ai envie de te rencontrer, ce sera très facile, je m'inscrirai au Marathon des Sables...

Salut !

Jean-Marie Bigard

Lettre aux Autres

Mes chers Autres,

J'ai tout appris de vous.
Avant je ne savais rien, et grâce à vous, j'ai tout appris de moi.
Dans le fond, c'est peut-être vous qui avez toujours raison.

JMB

Lettre au Ténia

Mon cher Ténia,

Tu n'es jamais cité dans les animaux de compagnie, alors que franchement tu es cool, pas bégueule, discret, pas exigeant, tu habites dans le trou du cul du monde, tu t'en fous, et même si on te donne de la merde à bouffer, tu t'en contentes, pas un mot plus haut que l'autre, et surtout pas besoin de te faire garder pendant les vacances, tu viens avec nous… et tu nous rends plus minces sur la plage…

Merci pour tout ça !

Jean-Marie Bigard

Lettre aux Intellectuels

Mes chers Intellectuels,

Vous avez tous le même défaut : vous n'acceptez pas de nous révéler vos limites.

Vous nous attirez systématiquement dans le cercle de vos connaissances (je ne parle pas de vos amis, bien sûr, mais de ce que vous connaissez ou pensez connaître)... pour avoir la maîtrise totale sur les autres, et cela vous rassure.

En fait, vous avez peur.

Comme le mérou, ce gros poisson, trois quarts de gueule, un quart de queue... Le mérou, quand il se sent traqué, il s'encastre dans un trou de la roche et il se gonfle un maximum pour qu'on ne puisse plus l'en sortir. Vous, vous faites la même chose.

Votre peur atavique (atavique, c'est un mot qu'un de vos potes m'a soufflé) vous interdit de goûter les joies de l'ignorance, la liberté de ne pas savoir, le bonheur des oiseaux qui ne se soucient pas de savoir si la vie va pourvoir à leurs besoins alimentaires du lendemain.

Ça doit être ça, « croire ». Croire sans aucune garantie de succès. Votre peur mortelle de ne pas savoir vous est insupportable.

Détendez-vous les gars, c'est pas grave d'être ignorant ! Regardez-moi ! je vais bien, je suis heureux, je suis même en train d'écrire un livre !

Jean-Marie Bigard

P.-S. : Vous DÉBITEZ votre savoir comme on dégaine une arme, ça prouve que vous êtes cons comme DESBITES !…

Lettre à mon Libraire

Mon cher Libraire,

Quand tu as vu arriver mon ouvrage, tu as dit « Un livre ?!? de Bigard ???!!! Mais pourquoi !!!!!???????!!!!! Ça fait trente ans que je suis libraire, pourquoi moi, pourquoi maintenant ???!!?… »

Eh bien sache, mon cher Libraire, que j'ai écrit ce livre pour qu'il soit lu et compris par les gens qui sont aussi cons que moi, et nous sommes nombreux.

Amitiés sincères,

Jean-Marie Bigard

P.-S. : Je sais, je sais…

Ça va bien vous faire mal au cul de me ranger entre Balzac et Bossuet, mais c'est comme ça, c'est l'ordre alphabétique !…

Lettre à ma Langue

Ma chère Langue,

Ça me fait tout drôle de t'écrire à toi, qui sais si bien parler.

Que tu sois DE PUTE pour médire,

DE BOIS pour ne rien dire,

DE VIPÈRE pour faire mal,

Ou DE VELOURS pour le baiser ou le cunnilingus,

Tout ceci ne représente qu'une infime partie de tes compétences.

Tu accueilles les aliments,

Tu les ranges,

Tu les tries avec une dextérité incroyable,

Les morceaux les plus durs, tu les places sous les dents pour que les dents fassent leur boulot, et tu te retires aussitôt pour ne pas te faire broyer toi-même,

Tu peux même commenter les aliments, les nommer, leur donner une note, tu distingues sans jamais te tromper le salé, le sucré, l'amer, l'acide, plus une cinquième saveur, moins connue, qui s'appelle l'umami[1].

Je ne dirai jamais de toi que tu manques de goût.

Et à la fin, tu fais toujours la vaisselle, gare au moindre poil !

Et comme tu es trop modeste pour parler de toi, je profite de cette lettre pour rendre hommage à tes multiples talents.

Tu n'as rien perdu de tes facultés ancestrales, on ne peut pas en dire autant des oreilles, du nez et des yeux.

Et le fin du fin : tu nous évites souvent de dire une connerie, quand tu tournes sept fois dans nos bouches.

Si tu répètes ce que je viens de te dire, je te coupe les vivres et je te mets aux papilles de la Nation !...

Je ne peux pas t'embrasser, ce serait trop compliqué, mais je te dis bravo et merci.

Jean-Marie BIGARD

1. L'umami : L'umami, qu'on peut traduire par savoureux, est l'une des cinq saveurs de base avec le sucré, l'acide, l'amer et le salé. « Umami » est un emprunt au japonais umami (うま味?) signifiant « goût savoureux ».

Lettre à mon Lave-Vaisselle

Gros Connard,

Si personne n'ose te démolir, car tu occupes un poste important dans la cuisine, eh bien, moi, je vais te dire tes quatre vérités. Le monde entier va enfin te voir sous ton vrai jour.

Espèce d'usurpateur, parasite inutile, opportuniste invétéré, tu ne dois ta carrière qu'à tes relations : le Frigidaire, le Lave-Linge, l'Évier, la Gazinière, et le Percolateur.

Infréquentable cigale que tu es, tu as attiré la ménagère faible d'esprit dans tes filets.

Tu prétends laver la vaisselle, et alléger le travail de la ménagère, mais c'est faux ! Ce sont des mensonges.

Tu te crois indispensable, mais tu es juste nul et dépensier.

Le moindre four à micro-ondes, la moindre étagère valent mieux que toi.

Alors sache que tu ne me fais pas peur, je t'attends, CONNARD, quand tu veux, et où tu veux, OK?!

Si au moins tu débarrassais la table! Même pas!

Le courage, la dignité, la conscience professionnelle, tu t'en branles.

« DÉGAGE! » avec ta grande bouche pleine d'écume, ton haleine fétide, et tes effets de vapeur.

Va te faire laver l'extérieur à l'Éléphant Bleu, vous allez faire copains tous les deux, il est aussi nul que toi, c'est ma voiture qui me l'a dit.

Même si on te mâche le boulot en passant les assiettes sous l'eau, tu échoues toujours. Du rouge à lèvres sur la coupe de champagne, tu ne retires que le rouge, mais pas la marque des lèvres. Si on te confie un verre que tu sais fragile et précieux, tu n'hésites pas, tu le casses sans pitié.

C'est toi qui coûtes le plus cher à l'achat, et de très très loin le plus cher en produits: poudre de lavage, liquide de rinçage, et autre sel régénérant.

Habituellement, j'ai de l'humour, mais avec toi, je pète les plombs. De toute façon, j'ai jamais aimé ta gueule. Tu me dégoûtes. Tu altères tellement ma bonne humeur que j'ai peur de déraper avec toi jusqu'au fait divers.

Jean-Marie BIGARD

FAIT DIVERS

C'est vers 20 h 32 que l'humoriste Jean-Marie Bigard se saisit d'une hache et détruit entièrement son lave-vaisselle. Gilbert Grenier, voisin de l'artiste, témoigne : « C'est un choc pour nous et pour tout le quartier… il était très gentil, très serviable… jamais un mot plus haut que l'autre… non, franchement, on comprend pas… »

LETTRE À LA VÉRITÉ ET AU MENSONGE

Chère Vérité et cher Mensonge,

Je ne gâcherai sûrement pas de papier à vous écrire à chacun séparément : je sais que vous habitez ensemble. Je le sais depuis bien longtemps. On a essayé de me faire croire, quand j'étais petit, que vous ne vous fréquentiez jamais. Que toi, le Mensonge, tu étais un vilain défaut, et que toi, la Vérité, tu étais le bon choix en toutes circonstances… et donc qu'un monde vous séparait !

Maintenant je sais que c'est faux. Je l'ai compris pour la première fois quand j'ai dit à un monsieur qui était très moche et qui avait une grosse verrue sur le nez : « Monsieur, tu es très moche et tu as une grosse verrue sur le nez. »

J'ai tout de suite compris qu'on ne devait pas dire la vérité au chef de service de ma mère.

J'ai validé ce jour-là que la Vérité sortait bel et bien de la bouche des enfants, mais jamais de la bouche des adultes ; que le soi-disant « monde » qui vous séparait n'était pas plus grand qu'une assiette. Vous ne vous étonnerez donc pas que je vous compare au couteau et à la fourchette. Vous vous croisez en permanence, et très souvent, pour ne pas dire toujours, vous collaborez.

Vous adorez votre complicité, au point que vous ne pouvez vivre l'un sans l'autre. Difficile de manger des spaghettis avec juste un couteau, ou une côte de bœuf avec juste une fourchette. C'est pourquoi personnellement j'ai autant de respect pour le couteau que pour la fourchette.

Pareil pour vous deux : je vous respecte autant l'un que l'autre. La Vérité pour ton courage, et le Mensonge pour ton élégance.

La Vérité, je n'ai pas besoin de faire ton éloge, c'est déjà fait. Comme disait je ne sais plus qui… en tout cas moi je le dis comme ça : « La vérité ne triomphe pas toujours, mais tous ses ennemis finissent par mourir un jour ou l'autre. »

Le Mensonge, je te salue, tu m'as souvent sauvé la mise, notamment à la fin d'un spectacle, quand je me retrouve dans la loge de l'artiste qui me demande : « Alors ? franchement, qu'est-ce que t'en as pensé ? »... Même si je me suis fait mortellement chier pendant une heure et demie (ça c'est la Vérité), je vais choisir le moindre détail qui m'a plu pour déclarer avec mon plus beau sourire : « Écoute, quand tu dis "Ah tiens j'ai encore oublié de remonter mes chaussettes !", tu m'as fait hurler de rire, je me suis mangé les genoux, FRANCHEMENT, tu m'as dépouillé, alors ça, je vais m'en souvenir !!!! »

Et voilà, c'est dans la poche !

En résumé : bravo et merci à tous les deux, et surtout ! ne vous embrouillez jamais, ce serait une connerie.

Jean-Marie BIGARD

Lettre au Présentateur météo

Mon cher Présentateur
ou ma chère Présentatrice météo,

C'est une demande pressante et musclée que je vous adresse.

Systématiquement, vous qualifiez une journée ensoleillée de « beau temps », et une journée pluvieuse de « mauvais temps », voire « temps pourri ». Il faut que ça cesse !

Mais qui êtes-vous, pour critiquer la pluie, pour l'insulter de cette façon ? La pluie grâce à laquelle tout pousse dans notre beau pays ! Apprenez à respecter la pluie, et tous ceux qui l'aiment, dont je fais partie ! Ça vous arracherait la gueule de dire une fois : « Ceux qui aiment la pluie vont se régaler demain » ?? Juste une fois, pour me faire plaisir !

D'avance merci.

Jean-Marie Bigard

P.-S. : Vous allez finir par me foutre une belle DÉPRESSION, avec vous je me sens de plus en PLUVIEUX !…

Lettre à la France

Ma chère France,

J'ai beaucoup d'admiration pour toi. Tu as vraiment eu le nez creux. D'abord tu as su trouver le bon coin, géographiquement imparable, avec un climat tempéré, s'il vous plaît. Entourée par quatre mers, ce qui est unique au monde, tu as les plus belles montagnes, jeunes à tes frontières, vieilles et belles en ton centre. Tu es sans aucun doute le nombril du Vieux Monde.

Ta merveilleuse richesse naît de la diversité de tes paysages et de tes habitants.

Tu es le pays du pain, du vin, du champagne, de la blanquette de veau, et de la mode.

Quand on s'éloigne de toi, TOUT nous manque. Ce n'est pas un hasard si tu es le pays le plus visité au monde, pour tes trésors culinaires, esthétiques, historiques, et ta Sécurité sociale en plus.

Merci pour toutes ces qualités, et pardon pour tous les Français qui n'arrêtent pas de gueuler !

Jean-Marie Bigard

Lettre à « Je veux bien »

Mon cher « Je veux bien »,

Je t'écris cette lettre que tu pourras communiquer à tes copains « Ouais si tu veux », « Comme tu veux », et « Ce que tu veux ».

Je reçois quelqu'un à la maison, et je lui demande : « Est ce que je peux vous offrir quelque chose à boire ? » Et toi, sans saluer cette proposition de cadeau, tu te pointes : « Je veux bien. »

Eh ben t'es pas poli. T'as pensé un jour à te transformer en « AVEC PLAISIR ! », qui induirait que tu salues ce projet amical, que tu accueilles avec joie le cadeau que je te fais, et que tu te réjouis de le partager avec moi ?? Eh ben non, toi, c'est « Je veux bien ».

Mais pour qui tu te prends, connard ? Je te fais un cadeau, et toi tu « veux bien » de mon cadeau ??!! Mais va te faire voir !

J'en ai autant pour ton copain « Ce que tu veux » !

« Est ce que tu veux boire quelque chose ?

– Ce que tu veux »

… qui est parfaitement inélégant, puisqu'il suggère en gros que t'en as rien à foutre.

Ne t'étonne pas qu'un jour on te réponde :

« Ben rien, alors !! ça va, "RIEN" ??!! Et en plus j'ai même plus envie de parler avec toi ! »

Alors ne reçois pas mes respectueuses salutations. Ne reçois RIEN.

Jean-Marie Bigard

Lettre à ma Livebox

Ma chère Livebox,

Tu es sympa. Quand j'ai envie de regarder un film, il me suffit de te débrancher, de te rebrancher, te faire un « RESET », deux « RESET », trois « RESET », de te redébrancher, de te rerebrancher, de re-refaire le code à 26 chiffres et lettres en minuscules et majuscules, de faire mon mot de passe de 16 caractères avec au moins un chiffre et au moins une majuscule, de refaire un ou deux « RESET », et là…

COMME PAR MAGIE, je peux regarder mon film.

Merci à toi.

JMB

Lettre à Alphonse Daudet

Cher Alphonse,

Je souhaite, au nom de l'Éducation nationale, te présenter des excuses pour toutes les coupes hypocrites qui ont été faites dans ton texte original de *la Chèvre de monsieur Seguin*.

Toi, au départ, tu nous as écrit une ode à la liberté, un hymne, très actuel, au jusqu'au-boutisme de la jeunesse. Dans le texte original, ta chèvre, avec ses sabots noirs luisants (de drag-queen), sa barbichette de sous-officier, avec toutes ses addictions… ta chèvre s'enivre jusqu'à faire des galipettes insensées (cf. pétards, marijuana, ecstasy, tournante avec les bouquetins), je te cite : *« Les deux amoureux s'égarèrent parmi le bois une heure ou deux, et si tu veux savoir ce qu'ils se dirent, va le demander aux sources bavardes qui courent invisibles dans la mousse. »*

Permets-moi de te dire que ça sent très fort la partie de trou-du-cul.

Mais nous, par pudibonderie, on a transformé ton histoire en petit conte gentillet pour enfants, alors que c'est une formidable histoire pour adultes, une fabuleuse exploration de la nature humaine.

Salut au grand poète, et encore désolé.

Jean-Marie BIGARD

P.-S. : Mais quand même tu ne m'enlèveras pas de l'idée que si dans ton histoire, tu avais remplacé le loup par un légionnaire !... La morale ne serait peut-être pas sauve, mais la chèvre serait toujours vivante !...

Lettre à ma chère Racaille

Ma chère Racaille,

Hey ! Franchement, va-y, cousin, fais du sport ! T'as l'jogging Adidas, t'as les baskets, t'as plus qu'à attacher les lacets ! C'est mieux que d'casser les voitures !

Et pis arrête avec les produits illicites ! T'as le talent pour vendre, alors vas-y, lance-toi dans l'cosmétique ! En plus tu peux pécho de la meuf ! T'arrives tranquille, p'tite démarche assurée, p'tit sourire malicieux… « Eh madame, franchement vous êtes trop charmante, t'as vu ? »… Là, tu sors ta petite mallette Yves Rocher, crème hydratante, crème antirides, crème anticernes, et là tu te lances : « Vas-y madame, prends celle-là, c'est de la bonne pour la nuit ! T'as la peau qui est toute fripée t'as vu ? Et si t'as kiffé j'te ramène la même demain ! »

Moi, t'as vu, j'dis ça pour toi, cousin ! T'aurais plus besoin de guetteurs, tu pourrais te mettre bien dans le quartier, t'aurais ta petite équipe à toi ! Franchement ça serait « détente » comme plan ! Vas-y, cogite… et on se capte plus tard.

Gros

Lettre à mes Amis diabétiques

Mes chers Frères diabétiques, jeunes, ou moins jeunes (comme moi)…

Je vous écris ce petit mot affectueux et amical : « Il était une fois… moi il y a quinze ans. Il est 11 h 17, je crapahute dans le parc des Buttes-Chaumont depuis 23 minutes environ, quand je croise André, un copain de jogging »…

SÉQ. 1. EXT. JOUR.
PARC DES BUTTES-CHAUMONT

ANDRÉ

Ça va ?

MOI

Je sais pas ce que j'ai, j'ai du plomb dans mes baskets, ce matin !

ANDRÉ

Ah bon ?!

MOI

Ouais, en plus, je n'ai plus d'eau dans ma gourde, et je suis anormalement desséché.

ANDRÉ

Toi t'as encore fait la fête hier !

MOI

Pas du tout ! Je n'ai bu que de l'eau ! Mais des litres et des litres ! J'ai passé ma nuit à faire pipi… Au moins 5 fois !

ANDRÉ

Ben merde alors ! Toi, des litres d'eau ?! T'es malade !

MOI

Tu crois ?

ANDRÉ

Ben écoute, je veux pas te faire flipper, mais moi, ça m'a fait la même chose il y a 5 ans… Je suis allé voir le toubib, et…

MOI

Et ???…

ANDRÉ

… eh bien j'étais devenu diabétique, mon vieux !

MOI

Tu déconnes !

ANDRÉ

Je te jure ! D'un coup !

MOI

Y a des diabétiques dans ta famille ?

ANDRÉ

Non, aucun.

MOI
(consterné)

Moi non plus.

CUT

**SÉQ. 2. INT. JOUR.
CABINET DU DIABÉTOLOGUE**

DR LEBLEU
(avec le sourire, tout en regardant mes analyses)

Vous allez devenir diabétique insulino-dépendant.

MOI

C'est quoi cette merde ? Vous avez dû vous tromper !

DR LEBLEU

Désolé, monsieur Bigard, mais votre pancréas s'est arrêté de fonctionner brutalement… Aujourd'hui, il remarche, mais pour un temps seulement. Vous vivez ce qu'on appelle la lune de miel du diabétique. Mais d'ici quelques semaines, quelques mois… vous serez diabétique.

MOI

(très en colère)

Il n'en est pas question ! Non, mais vous me voyez me trimbaler 24 heures sur 24 avec ma petite piqûre d'insuline et tout ce matériel pour contrôler la glycémie… Même pas en rêve, vous m'entendez !

DR LEBLEU

(souriant comme on le fait en face d'un enfant qui a mal travaillé à l'école et que l'on doit mettre en pension… pour son bien)

Vous serez malheureusement bien obligé !

MOI

(éructant)

Obligé ! Moi ! Mais je ne suis obligé de rien, moi, monsieur ! J'ai toujours été libre comme le vent, d'aller et venir comme je le voulais, je suis mon propre patron*! (tapant du poing sur le bureau du docteur)* … et personne ne me fera rentrer dans le rang comme un bon petit soldat, comme un agneau ! Je suis un loup, moi, monsieur, et vous voulez me faire manger de la salade ???!!! JAMAIS !!!

CUT

**SÉQ. 3. INT. JOUR.
CHEZ MOI, QUINZE ANS PLUS TARD**

MOI
(en train d'écrire mon livre)

J'ai 58 ans, j'ai le sourire, je ris de cette colère… et je suis ami avec mon diabétologue, le docteur Lebleu, que j'appelle maintenant Hervé. J'ai d'abord été un de ses patients préférés, puis je suis même devenu pour lui une référence. Mon carnet de diabète est parfaitement tenu, et je suis de loin le premier de sa classe. Mieux encore, je lui donne des conseils qu'il écoute et qu'il applique à la lettre. Il raconte volontiers une petite histoire que j'ai inventée, qui fonctionne aussi bien sur les enfants que sur les adultes, et qui gomme tous les traumatismes liés à l'annonce de cette maladie. Cette peur d'être en permanence confronté à tous ces contrôles, toutes ces piqûres, toutes ces astreintes, toutes ces obligations. Cette histoire, la voilà.

C'est un monsieur qui va voir le médecin, et le médecin lui dit :
« Monsieur, vous avez une très grave maladie. Vous allez avoir du poil qui va vous pousser sur le visage. Mais ne craignez rien, j'ai un remède pour vous. Je vais vous donner une petite boîte cylindrique en aluminium, que vous devrez d'abord bien agiter avant l'utilisation. Vous appuierez ensuite sur le bouton de cette boîte, pour en faire sortir de la mousse blanche. Cette mousse, vous devrez l'appliquer sur votre visage, ensuite vous vous saisirez d'un autre outil que je vais vous prescrire. C'est un petit bâton muni à son extrémité d'une lame très tranchante. Dans notre jargon médical, nous appelons ça un "rasoir". Et chaque matin, vous devrez donc vous "raser" les poils du visage, en étant très attentif et très méticuleux, pour ne pas vous couper, notamment autour de la bouche et sous le nez. Le seul problème, c'est que le lendemain le poil aura repoussé, et il faudra donc renouveler l'opération.
– Mais… tous les jours, docteur ??!
– Tous les jours, monsieur.
– Jusqu'à la fin de mes jours ??
– Jusqu'à la fin de vos jours, monsieur ! »

Voilà, mes chers Frères diabétiques, présents ou futurs…

Cordialement et amicalement,
Jean-Marie Bigard

P.-S. : En tout cas c'est sur le dos des diabétiques que les toubibs et les pharmaciens se sucrent le plus !…

Lettre à mon Milieu de livre

Mon cher Milieu de livre,

Ici, je suis bien, merveilleusement bien, bien au chaud, blotti entre toutes les pages qui te précèdent et toutes les pages qui te succèdent.

Le plus dur, c'est de commencer, et de finir, dans toute entreprise, notamment celle qui consiste à exister : le plus dur, c'est la naissance, et la mort. Au milieu, ça va. C'est pas toujours la grosse marrade, mais c'est mieux.

Là, par exemple, je caracole sur toi comme on le ferait sur un cheval ailé. Tes ailes me donnent des plumes et tes plumes me donnent des ailes. J'enjambe les univers avec toi, je ne suis plus immobile, coincé dans la fissure du temps en attendant la mort.

On se posera quelques secondes, toi et moi, sur le pic de l'ambition, pour saluer la foule imbécile hypnotisée par ces grimpeurs acharnés qui se bousculent entre eux, à peine arrivés au sommet.

[Je vais quand même reprendre un Ricard.]

Puis nous repartirons joyeux jusqu'au mot fin. Décidément, le bonheur est sur le chemin.

[Tiens, je vais en prendre un autre !]

Jean-Marie BIGARD

Mi-face de ma femme, Lola Marois

Je suis, sans jeu de mots aucun, au milieu de l'étonnant, du délicieux, du singulier sandwich que prépare mon doux mari. Il mélange les saveurs dans ce snack à la fois piquant et sucré, ou ses points de vue les plus cocasses donnent lieu à un livre très particulier qui ne peut qu'être le sien.

Qui d'autre, à part lui, peut écrire une lettre à son lave-vaisselle, à la mort, ou encore à ses parties génitales ?

Il aborde, avec une virtuosité triviale et parfois gênante tous les sujets qui lui tiennent à cœur, et on se surprend souvent à être de son avis.

Pourquoi ? Est-ce son pouvoir de persuasion qui nous dupe à chaque fois ? Je pense que son cœur et son humanité, ainsi que sa vision de la vie, si juste et si troublante, sont la clé de l'empathie qu'il suscite.

Aussi je vous conseillerai de continuer à vous délecter de ses mots, aphorismes et autres métaphores filées, dont lui seul a le secret.

J'ajouterai que si vous avez aimé mon style, ce dont je ne doute pas, vous pourrez me lire cet automne chez le même éditeur, dans un ouvrage poignant, brut, avec une vraie histoire et un vrai fil conducteur : *À demain mes amours*… Enfin, un vrai livre, ce qui, au sortir des pages de mon époux, ne sera pas un luxe !

En attendant, kiffez votre deuxième moitié de livre, et je souhaite que cette intervention féminine et abrupte, avec une réelle plume et un talent d'écriture indéniable, ne vous ait pas trop éloigné de monsieur mon mari.

À lui…

Lola Marois (très) Bigard

Note de l'auteur : Excusez ma femme, c'est une racaille littéraire qui écrit avec ses talons aiguilles…

JMB

Lettre au Rire

Mon cher Rire,

Tu as donné beaucoup de fil à retordre à nos Académiciens… mais ils ont tout de même réussi à donner une définition (une description ?) de toi : « Série d'inspirations et d'expirations plus ou moins saccadées et sonores. »

Bravo messieurs, c'était pas gagné !

Les rires sont tous tellement différents, on pourrait même dire que chacun a son rire, et qu'il est unique, comme une signature. Mais que tu sois très bruyant ou très étouffé, plutôt sur les « i », sur les « hi », sur les « ô », sur les « ho », ou sur les « hou », ou plus classiquement sur les « a » et les « ha », que tu sois bref ou interminable… tu nous fais toujours un bien fou.

Que ce soit dans une salle de spectacle ou à l'enterrement d'un pote, tu es l'invité surprise qui fait plaisir tant il est LIBRE de débouler quand il veut et où il veut.

Pour ma part, je ne ferme jamais ma porte, de peur que tu ne rentres pas dans ma maison.

Jean-Marie BIGARD

Lettre au Silence

Mon cher Silence,

… si tant est que tu existes, ce qui reste à prouver… mais admettons ! Et à partir de là, raisonnons calmement : le silence, normalement, c'est quand on n'entend rien. Sacha Guitry a eu beau dire : « Le silence qui suit Mozart, c'est encore du Mozart », c'est une belle connerie ! Parce que le mec qui arrive en retard au concert de Mozart quand le concert est fini ! il arrive à un moment où on n'entend plus rien !!… jamais ce mec ne dira « Ah tiens ! ça c'est du Mozart ! »

En revanche, moi je peux affirmer que « le silence qui suit un pet de Bigard, c'est encore du Bigard ».

Quand je pète, pour peu que tu aies de la moquette et que tu n'ouvres pas la fenêtre, t'en prends pour un bon moment. Un mec arrive chez moi, j'ai fini de péter depuis 8 heures…

le mec va dire sans aucun doute et les yeux fermés « Tiens ! je suis chez Bigard ! »
CQFD

Jean-Marie BIGARD

Pour mémoire : Moi, je peux tuer un teckel à 5 mètres. L'animal ne souffre pas. Il a une rupture d'anévrisme, il sait même pas de quoi il est parti, le pauvre.

Lettre au Cheval

Mon cher Cheval,

Je refuse de te monter dessus, parce que je connais ton instinct légendaire, qui te permet de distinguer à coup sûr un bon cavalier d'un mauvais. Je ne tiens pas à être pris en flagrant délit d'incompétence. J'ai tellement d'estime pour toi que l'idée que tu me mettes une mauvaise note m'est insupportable.

Je sais que tu m'as repéré de très, très loin. À peine j'étais rentré dans ton box, tu SAVAIS que j'étais nul.

Ma manière de te tourner autour, d'installer la selle… si ça se trouve, au moment où tu m'as entendu garer ma voiture, tu t'es dit : « Tiens, v'là un blaireau ! Encore un mec du showbiz qui a été subjugué par un spectacle de la Garde républicaine et qui a des velléités de parader sur mon dos. »

C'est vrai que je voulais ! Mais le premier essai m'a calmé définitivement. D'abord j'avais de la peine pour toi, je culpabilisais de t'obliger à me porter pour faire un tour que j'aurais tout aussi bien fait à pied ou à vélo.

Tout le monde autour me répétait : « Ne vous inquiétez pas, il est CONTENT de vous porter, le cheval ! », mais moi je savais très bien que tu n'étais PAS content, et que tu allais tout faire pour me rendre ridicule : passer sous une branche basse, te coucher dans l'eau au milieu d'un gué... pour faire rire à mes dépens. Je savais que tu allais me faire toutes les crasses que tu ne ferais jamais à un cavalier confirmé qui te domine sans concession.

Alors si le fin du fin de cette promenade est de faire un concours de bite avec toi, je ne m'y risquerai pas pour des raisons évidentes : c'est perdu d'avance.

Donc mon cher Cheval, malgré toute l'admiration que je te porte, non merci !

Jean-Marie BIGARD

P.-S. : Sache aussi, que la plus noble conquête de l'Homme, ce n'est pas toi, c'est la Femme !... En plus, tu n'es même pas dans la crèche... De temps en temps dans les lasagnes... et encore c'est pas souvent !...

Lettre à l'Éphémère

Mon cher Éphémère,

Petit insecte volant et inoffensif, on te plaint souvent, on a de la peine pour toi. Car tu nais le matin, et tu meurs le soir. Mais quand même ! Quel kif!!!

Tu n'as aucun problème pour caser les rendez-vous de ta semaine : t'as pas de semaine !

Tu peux baiser la femme de tes potes.

Tu peux enculer ton banquier, tu peux rassurer tout le monde, en disant : « Ne vous inquiétez pas, dormez tranquilles, je m'en occupe demain !! »

Et dans le journal, on ne dira jamais de toi que tu es décédé des suites d'une longue maladie.

Le seul truc qui m'ennuie, c'est qu'à tous les coups, tu ne prendras pas le temps de lire cette lettre, t'as sûrement autre chose à faire…

… et je te comprends.

BIZ

P.-S. : Je n'ai pas signé « Jean-Marie BIGARD », c'était trop long, en plus tu ne sais même pas qui je suis, il est vraisemblable que t'en aies rien à foutre, alors j'ai fait au plus court, j'ai mis BIZ, en trois lettres.

2e P.-S. : Tu connais l'histoire de l'éphémère qui va à la banque pour prendre un crédit !!?… Non, j'déconne !…

Lettre à la Dernière Seconde de ma vie

Chère Dernière Seconde de ma vie,

J'ai ouï dire que tu nous offrais de revivre en accéléré notre vie entière dans les moindres détails. T'imagines le mec qui a eu une vie de merde, il se retape tout, mon vieux... et il part avec ça... Alors il part je ne sais pas où ni pour combien de temps, mais il a sa petite clé USB avec sa belle petite vie de merde.

Pour le coup, s'il en croise un autre là-haut, il peut lui dire : « T'as une seconde que je te montre ma vie ? »... L'autre, il dit : « D'accord ! »

Il lui file sa clé, et instantanément l'autre il dit : « Oh putain ! la vie de merde que t'as eue ! »

Cela vérifie ce vieux dicton populaire, qui dit que c'est toujours les meilleurs qui partent les premiers. Ben oui ! le mec qui a eu une belle vie, qui a fait du bien autour de lui, apprécié de tous… celui-là n'est pas fâché de revoir passer ce beau film.

En revanche, celui qui a enculé tout le monde, qui n'a fait que des saloperies toute sa vie, lui, il est pas pressé de revoir ce film. Du coup, il ne meurt pas, cet enculé, et il continue à faire des saloperies.

SAUF QUE… et là je fais appel à l'intelligence du lecteur… SAUF QUE, si on admet ce principe, on doit admettre que si on revoit TOUTE sa vie… on doit revoir y compris la seconde où on revoit passer toute sa vie.

Donc, ça n'en finit pas, et ça n'en finira jamais… Ça doit être ça, l'enfer, pour les enculés.

Par contre, si t'as eu une belle vie, dont tu es fier, eh bien tu la revois en permanence. C'est peut-être ça, le paradis, pour les mecs bien…

À un de ces jours, ma Dernière Seconde… à coup sûr !

Jean-Marie Bigard

Lettre aux Actionnaires

Chers Actionnaires,

Vous n'avez qu'un truc en tête : optimiser vos gains.

Nous, on aime bien, par exemple, de temps en temps, faire du vélo… une autre fois faire l'amour à sa femme… on est presque toujours contents d'aller travailler… on aime bien boire l'apéro avec des potes… rigoler autour d'une bonne bouteille de pouilly fumé… faire pipi, faire caca, aller au cinéma…

Mais vous, tout ça vous indiffère, votre seule et unique préoccupation, c'est : OPTIMISER VOS GAINS.

Quand vous faites trois milliards de bénéfices, vous licenciez à tout va pour faire QUATRE milliards. Vous voyez bien qu'y a un truc qui gaze pas !

Alors, mon conseil : revendez vos actions, et dépensez urgemment tout ce fric. Comment ? On vient de vous l'expliquer !!! Lâchez-vous, goûtez les plaisirs de la vie, dilapidez votre argent, ça va relancer le petit commerce, ça va faire repartir la croissance, et tout le monde va être content. Alors allez-y, faites-le !!

Moi je dis ça, c'est pour vous, parce que là, vous allez droit dans le mur, vous êtes en train de vous tirer une balle dans le pied, les gars… et à la fin on sera tous ruinés avec vos conneries… et vous aussi !!

À bon entendeur…

Jean-Marie Bigard

Lettre aux Disparus

Mes chers Disparus,

Papa (Marcel),
Maman (Gisèle),
Baba (Sri Sathya Sai Baba),
Craco (Jacques, copain d'enfance),
Ticky (Holgado),
Félix (mon chat),
Papounet (le grand-père de Lola
qui vient juste de partir),

On me dit que vous êtes morts. C'est vrai qu'on ne s'est pas vus depuis un moment. Mais quelle importance ??!! Vous êtes bel et bien vivants dans mon cœur, toujours, tout le temps.

Je me sers de vous tous les jours, je continue de profiter de ce que vous m'avez donné… et ça ne risque pas de s'arrêter…

Regarde : j'adore mes sœurs, je les aime, profondément, et l'autre matin je me dis :

« Bon sang ! ça fait trois mois que j'ai pas donné un coup de fil »... et pourtant je les aime de tout mon cœur...

Eh bien, quand viendra mon heure, je vous rejoindrai tous, vous, mes chers disparus, et je vous dirai, comme à mes sœurs : « Pardon ! pardon ! on s'est pas appelés depuis longtemps, mais vous savez ce que c'est, le tourbillon de la vie, j'étais très occupé, le boulot, le boulot... mais vous, maintenant, je vous ai bien retrouvés, et c'est pour l'éternité. »

Évidemment, je ne vous envoie pas cette lettre, ce serait ridicule : vous êtes déjà en train de la lire !!

Jean-Marie BIGARD

Lettre aux Gens qui écrivent les Horoscopes

Chers Gens qui écrivent les Horoscopes,

Qui êtes-vous, d'où venez-vous, est-ce que vous êtes payés pour faire ça, et si oui, combien ???

Ne parlons pas de vos horoscopes du dimanche, où on peut lire couramment « tensions au bureau »...

Tiens, je ne savais pas que les Gémeaux travaillaient le dimanche...

Mais avez-vous pensé aux SDF qui lisent vos prévisions, dans le journal du jour trouvé par terre ?

Voilà ce que ça donne : je vous prends le clochard Lion…

LION : Cœur : vous n'avez jamais autant profité de la vie que depuis que vous êtes seul. Réussite : vous êtes débordé par vos nombreuses responsabilités.

CAPRICORNE : votre joie de vivre vous rend attirant.

SAGITTAIRE : l'ambiance est chaleureuse au sein de la famille. Réussite : si vous savez faire preuve de patience, vous pourriez bientôt bénéficier d'une augmentation.

POISSONS : les jours se suivent et se ressemblent.

(je vous accorde que parfois ça colle pas mal !)

VERSEAU : bonne période pour effectuer des placements à long terme.

BALANCE : célibataires, vous serez intéressés par un petit flirt.

BÉLIER : Vous avez trop tendance à acheter n'importe quoi.

Tant que vous y êtes, faites carrément des horoscopes personnalisés ?

TAULARD : évadez-vous, un petit week-end au bord de la mer vous ferait le plus grand bien.

TÉTRAPLÉGIQUE : vous devriez reprendre le sport. Ça roule pour vous (à condition que vous ayez un moteur, bien sûr).

BÉBÉ SOMALIEN : aujourd'hui, pas de biberon à l'horizon.

Et votre horoscope lu par une personne qui vit son dernier jour…

MORIBOND : Forme : excellente. Enfin… jusqu'à seize heures, puisqu'à seize heures vous allez décéder.

Reconnaissez que tout ça n'est pas très sérieux. Et si je vous racontais une petite histoire, dont je PRÉVOIS qu'elle va vous faire rire, car je ne doute pas un instant de votre sens de l'humour.

C'est l'histoire d'un gars qui bossait dans un petit journal local, un gratuit; il faisait les chiens écrasés et les pompiers, et puis un jour, il a proposé de faire l'horoscope. Il a dit: « je m'y connais pas mal en planètes, ça m'intéresse, et en plus je le fais gratos ». Donc on lui a confié l'horoscope… je peux vous dire qu'il en a profité pour bien influencer son futur…

Il avait un banquier Taureau, il voulait obtenir un prêt pour changer sa bagnole, il avait écrit:
« TAUREAU : Ne loupez pas une bonne affaire en fin de matinée »…

Il avait rendez-vous à 11 h et demie.

Il avait une femme Bélier, il avait écrit:
« BÉLIER : les incartades de votre conjoint sont sans conséquence pour votre couple. »

Il avait sa maîtresse qui était Poisson, il avait écrit:
« POISSONS : l'amour est là, donnez-vous à fond sans penser au lendemain. »

Et puis lui, il était Capricorne, il écrivait par exemple :

« **CAPRICORNE** : vos proches ne vous respectent pas assez, »

et il allait montrer le journal à tout le monde…

Pendant trois semaines, ç'a été un bonheur total, et puis il s'est lâché de plus en plus, il a commencé à devenir trop gourmand…

Pour les Béliers, comme sa femme, il écrivait :

« **BÉLIER** : Votre mère a une influence néfaste sur votre couple : elle ne doit plus venir déjeuner le dimanche midi. »

Bref, il a complètement pété les plombs… Et puis le coup de grâce, c'est le jour où il a écrit dans le signe de sa maîtresse :

« **POISSONS** : Si votre partenaire est Capricorne, acceptez sans hésiter la sodomie. Je ne te ferai pas mal. »

Là, sa maîtresse a flairé le truc, elle a tout balancé à tout le monde, il s'est retrouvé sans boulot, sans femme, sans maîtresse, et sans un rond... Du coup, il fait comme les autres, il lit son horoscope avec ses copains SDF.

J'espère que cette histoire vous a plu.

À mon tour de vous souhaiter plein de bonnes choses, à défaut de vous les prédire !!

Jean-Marie BIGARD

Lettre aux Cinq-fruits-et-légumes-par-jour

Mes chers Cinq-fruits-et-légumes-par-jour,

Je sais que vous êtes utiles, mais combien de fois j'ai paniqué à cause de vous ! L'autre jour, minuit moins le quart, je réalise que je n'avais mangé que QUATRE fruits et légumes ! La panique !! Rien dans le frigidaire ! Aucun magasin ouvert à cette heure-là ! La voisine était absente, donc pas question de lui bouffer l'oignon pour essayer de faire le compte ! J'ai bien essayé de me sucer le poireau : impossible ! c'est une question de cervicales et de lombaires… La panique totale !!

Et puis à minuit moins une, le coup de génie qui m'a sauvé la vie : j'ai bu un calva. Après tout c'est de la pomme.

J'ai scruté ma montre. Et, tu me crois tu me crois pas, à 0 h 1, tout allait bien pour moi, aucune séquelle, aucun symptôme !

J'étais tellement content d'être encore vivant que j'en ai bu cinq derrière pour assurer ma journée du lendemain.

Jean-Marie Bigard

Lettre au Clown

Mon cher Clown,

J'aime ton rire, j'aime ton rire « à tout prix » ! Grimaçant ou grotesque, je l'aime au point que si un jour, je te vois pleurer, je ne serai pas triste. Je saurai que tu te reposes.

Jean-Marie Bigard

LETTRE À « TU ME CASSES LES COUILLES ! »

Mon cher « TU ME CASSES LES COUILLES ! »,

D'abord, tu es inélégant, et surtout tu es mensonger : tu suggères qu'une couille, ça casse ! Réfléchis un peu ! Tu prends une couille – nature, sans la peau autour. Moi je prétends qu'elle est très élastique ! Je dis même que si tu la claques très fort par terre, la couille, moi, je la vois bien rebondir !! Même que si tu la frappes assez fort, elle peut rebondir jusque dans le potage, ce qui vérifie l'expression « Il y a une couille dans le potage ».

Tu serais donc bien inspirée de te rebaptiser : « TU ME FAIS REBONDIR LES COUILLES. » Ça c'est crédible.

Jean-Marie BIGARD

Lettre au Chien

Mon cher Chien,

Tu mérites bien ton titre de « meilleur ami de l'homme ». Tu es le champion du monde de la fidélité et du pardon.

Ce n'est pas toi qui as chié sur le tapis. C'est le chien du voisin qui est rentré par la porte-fenêtre mal fermée. Tu n'as rien pu faire : l'autre était plus gros que toi, il a chié, et il est reparti.

Ton maître est rentré, et sans aucune enquête, sans aucun procès, il t'a jugé coupable et il t'a condamné.

Il t'a attrapé par le collier, il t'a violemment plaqué le museau dans la merde de l'autre, en te hurlant : « Maintenant, tu vas la manger, TA merde ! »

Il t'a mis un grand coup de pied dans le cul, qui t'a fait couiner de douleur, il a nettoyé en continuant de t'insulter, puis il est ressorti faire quelques courses.

Vingt minutes plus tard, il est revenu, et toi, mon cher chien, ton cœur a bondi de joie de revoir ton maître, que tu avais peut-être pensé ne plus jamais revoir... Et tu lui as fait une fête magnifique, comme s'il ne s'était rien passé.

Non seulement tu lui avais pardonné, mais tu étais fier et content d'être toujours son ami.

Alors là, je dis : « MONSIEUR le chien » !!

« SI ON AVAIT DANS LE CŒUR LE DIXIÈME DE L'AMOUR QU'ONT NOS CHIENS POUR NOUS, IL Y AURAIT LA PAIX SUR LA TERRE. »

Jean-Marie BIGARD

P.-S. : En plus, si tout le monde se reniflait le fion, ce serait quand même plus sympa pour l'ambiance !...

Lettre à mon Corps

Mon cher Corps,

J'aimerais te rendre hommage de mon vivant.

Je ne voudrais pas qu'on se quitte sans t'avoir dit MERCI…

MERCI pour ta fidélité.

MERCI pour ta Passion, au sens biblique du terme.

Je t'ai torturé de mille façons, je t'ai privé souvent de sommeil, tu as reçu des coups sans broncher, tu as digéré combien de litres d'alcool ! combien de cigarettes ! et tout ça sans te plaindre…

Et chaque matin, tu étais toujours vaillant, toujours là avec moi, prêt à affronter la journée suivante, souriant et fier de faire battre mon gros cœur qui tache !!!

Pour tout cela, MERCI, mon frère corps !

Ton esprit qui t'aime

P.-S. : Tu es mon enveloppe et je suis timbré !... Mais à nous deux, on va aller très loin et on va faire mentir la science !...

Lettre à mon Trac

Mon cher Trac,

Tes mâchoires puissantes, recouvertes de velours rouge, m'oppressent et me font vivre un sentiment unique et très singulier.

Entre le malaise vagal et la peur panique, tu dessèches ma bouche alors que je viens de boire 4 litres d'eau...

Tu m'enfermes dans une prison sans barreaux, j'ai envie de m'enfuir et en même temps, je ne donnerais ma place à personne.

Je te déteste et je t'aime comme une maladie et son remède à la fois... Gloire à ceux qui t'ont ressenti un jour...

Jean-Marie Bigard

Autre définition :

TRAC : Laxatif puissant qui commande directement aux sphincters sans passer par le cerveau.

LETTRE À « COMMENT ALLEZ-VOUS ? »

Mon cher « COMMENT ALLEZ-VOUS ? »,

La politesse nous suggère de t'utiliser comme une formule bienveillante : « On ne s'est pas vus depuis longtemps, comment allez-vous ? ». En anglais « HOW ARE YOU ? ».

Sache que tu es né au XVIe siècle. Tu es en fait une contraction de « Comment allez-vous à la selle ? ». Il était de bon ton à cette époque de s'enquérir de la santé des gens en leur demandant si leur transit fonctionnait bien. Donc le duc demandait à la duchesse : « COMMENT ALLEZ-VOUS ? » Sans ironie, sans malice aucune…

Quelle époque ! Et après on va me dire que je suis vulgaire. C'est la contraction qui t'a permis de bien vieillir… Tu es même la formule la plus increvable qui soit…

Jean-Marie BIGARD

P.-S. : Si aujourd'hui on t'utilisait dans ton sens premier… cela donnerait : « Salut patron… alors on a bien fait caca ce matin ?!!! »

Et là tu te fais virer comme une merde.

Lettre au Parano

Mon cher Parano,

Quelle galère pour toi !
Tu te promènes dans la rue
Tu perds ton chemin…
Tu vois un plan
Tu t'approches…
Tu vois une flèche rouge
Qui t'indique : « Vous êtes ICI ! »
Tu te dis : « PUTAIN !!!
Ils savent déjà que je suis ICI !! »

Deux rues plus loin, tu consultes un autre plan, pour vérifier. « Vous êtes ICI ! »

« PUTAIN, à un mètre près, ils savent où je suis ! »

Eh bien écoute, mon cher Parano, si ça peut te consoler : tu n'es pas tout seul !… moi aussi ils m'ont repéré !

LES LETTRES DE BIGARD

Ils sont très forts.
Il faut vivre avec ça.

Jean-Marie Bigard

Lettre à la Chauve-Souris

Ma chère Chauve-Souris,

Tu es ma muse.

Tu m'as inspiré le sketch le plus apprécié de tout mon répertoire…

Sketch qui est né sans douleur en 2 heures, montre en main.

Je te raconte…

Avec mon ami Pierre Palmade, nous nous donnons rendez-vous à 14 heures précises… pour écrire… Je sonne chez Pierre. Il m'ouvre : « Bonjour », « Bonjour », et je lui dis, d'entrée : « Écoute, c'est drôle, j'ai entendu à la radio ce matin qu'on avait une chance sur dix millions de se faire mordre par une chauve-souris enragée… »

Pour vaincre l'angoisse de la page blanche, Pierre s'installe derrière son ordinateur et note cette phrase… Ensuite, nous papotons et nous « ricanons », comme nous aimons à le dire, autour d'une bonne dizaine de thèmes (et de verres de vin) qui pourraient faire l'objet d'autant de sketches...

Comme chacun sait, la littérature, c'est beaucoup de litres et beaucoup de ratures... Bref...

À 18 heures, toujours RIEN. Pas l'ombre d'une bonne idée... c'est pas grave, ça arrive...

Nous décidons donc d'abandonner la création pour passer directement à la ré-création. Blousons sur le dos, nous nous apprêtons à sortir de l'appartement.

Je jette un dernier coup d'œil sur l'ordinateur de Pierre, resté allumé : « Dis donc Pierre, on a quand même bien bossé !!! » Et je m'amuse à lui relire cette seule et unique phrase inscrite en haut de page : « On a une chance sur dix millions de se faire mordre par une chauve-souris enragée... »

Nous rions de bon cœur de notre inefficacité... Et j'ajoute, comme ça : « Je voudrais bien savoir comment il a fait le gars pour déterminer qu'on avait tous en moyenne une chance sur dix millions de se faire mordre !!! »

Pierre retire son blouson. Moi le mien.

Deux heures plus tard, nous inscrivons le mot FIN.

Jean-Marie BIGARD

Lettre au Pauvre

Mon cher Pauvre,

Tu es déjà pauvre, essaye au moins d'avoir un peu de goût… Pour ne prendre que quelques exemples, on ne verra jamais une toile de maître chez toi, alors que franchement, un petit Van Gogh, ou un petit Picasso de la période bleue, c'est quand même plus sympa qu'un canevas représentant deux cerfs orange qui boivent dans une mare sur un coucher de soleil violet !!!

Autre exemple : regarde ta femme. Si elle n'a pas une robe de chambre à fleurs avec des mules et des bigoudis plein la tête, tu n'y toucheras pas ! D'ailleurs on ne te verra jamais avec un top model… Jamais ! Ça ne t'intéresse pas.

Ah çà ! pour s'entasser à huit dans un deux pièces, là y a du monde, mais dès qu'il s'agit de faire un aller-retour Paris-New York en 1re classe, y a plus personne !

Pardonne-moi, mais même en vacances !... tu vas passer vingt fois devant une plage privée magnifique avec du sable fin et tout. Et jamais tu ne vas t'arrêter pour louer un matelas à 15 euros !!...

Pour toi et ta famille, c'est quoi ?!? Avec les consommations et les glaces, c'est un coup de 250 euros... mais pour être BIEN, bordel ! Bon, tu vas me dire que c'est ton budget de la semaine. Alors ne reste qu'un seul jour. Eh ben non, toi tu préfères être « huit jours mal » que « un jour bien » !!! Franchement, quand tu vois comment on est reçu au Royal de Deauville, on s'étonne que tu t'acharnes à aller au camping de Melun... pour la même distance...

Alors comme tous les pauvres, tu joues au loto, à l'Euromillions...

Et si tu gagnes ??... tu as pensé à ça ?!? Inconscient que tu es !!!! Gentil et sans aucun goût, tu vas aider tes amis, tu vas dilapider ton argent, et deux ans plus tard, tu n'auras plus d'amis et plus d'argent. Tu dormiras sous les ponts comme un vulgaire clochard. Ensuite... la perte de sommeil, la dépression et le suicide dans l'eau glacée. C'est ça que tu veux ???

Alors réfléchis bien à cette histoire d'argent qui te taraude. Et dis-toi que quand on n'a pas les moyens d'être riche, on ne joue pas au loto. Et pis c'est tout.

Jean-Marie BIGARD

Lettre au Feu rouge

Mon cher Feu rouge,

Tu es toujours, toujours TROP LONG !!! Tu m'exaspères. Prends exemple sur le feu vert : lui, il est agréable, il me rend heureux, on en redemande, on aimerait même qu'il dure plus longtemps. Toi, tu nous arrêtes, tu nous bloques dans notre élan, tu nous ronges les ongles et tu nous fais fouiller dans notre nez… C'est joli ! En plus, tu n'as aucune personnalité, tu suis aveuglément le feu orange. Feu orange à qui j'ai bien envie d'écrire aussi !

Jean-Marie Bigard

Lettre au Feu orange

Mon cher Feu orange,

Je t'écris parce que j'ai promis au Feu rouge de le faire. Toi, tu es de loin le plus chiant des trois : tu es crispant, tu es stressant, tu n'as que deux secondes d'existence et tu arrives à foutre la merde à tous les coups. C'est toi qui provoques ces interminables engueulades avec les flics ou avec le mec qui m'a défoncé l'arrière quand j'ai freiné brutalement.

Alors sache que, moi aussi, je te défonce l'arrière. Na !

Jean-Marie Bigard

Lettre au Bâton tordu

Mon cher Bâton tordu,

Je t'ai ramassé sur une plage au départ. Je n'aimais pas ta gueule, tu ne ressemblais à rien… Puis j'ai décidé de faire avec toi un trait sur le sable… Un trait tout simple… Tout droit. Et en une seconde, tu étais devenu BEAU… Tu m'avais réconcilié avec le reste de l'humanité. Grâce à toi, j'avais tout compris !

« MÊME SI LE BÂTON EST TORDU, LE TRAIT PEUT ÊTRE DROIT. »

Jean-Marie Bigard

P.-S. au lecteur : Là, si t'as pas compris la PARABOLE, t'es vraiment tordu ou analphabète.

Alors PARABOLE : Court récit allégorique chargé d'un enseignement moral ou religieux qui reste implicite. Ça t'a aidé ou pas !?

Lettre au Gynécologue de ma femme

Mon cher Gynécologue de ma femme,

Personne ne se comporte comme vous avec ma femme. Un peu de respect quand même !

Alors vous lui palpez les seins pendant 10 minutes, vous lui fouillez (pardonnez-moi l'expression) dans la chatte encore 10 minutes, ma femme écarte les jambes, elle est nue, je connais très bien ma femme, je sais qu'elle a été très déçue quand tout de suite après, vous lui avez dit : « Rhabillez-vous, c'est 120 €. »

Eh bien monsieur, je ne vous tire pas mon chapeau, vous n'êtes qu'un petit allumeur de discothèque, un petit séducteur de Prisunic. Alors arrêtez d'exciter ma femme sinon baisez-la ! Comme ça au moins les choses seront claires !

Jean-Marie Bigard

Lettre à mon Style

Mon cher Style,

J'écris comme un joueur de Sudoku : je m'arrange pour mettre chaque mot bien à sa place, et quand toutes les cases sont remplies, je suis content.

C'est ça mon Style.

Jean-Marie Bigard

LETTRE À MA PREMIÈRE FILLE

Ma chère Première Fille,

Je ne t'oublierai jamais. Je t'ai rencontrée au camping de Penthièvre, tout près de Quiberon. J'avais seize ans et toi dix-huit. C'étaient mes premières vacances sans les parents. Juste une petite tente canadienne, et un copain, Duduche.

Je peux bien te l'avouer maintenant, Marie-Ange : la première fois que tu m'as pris les couilles dans la main, je me suis dit : « C'est là que je veux habiter ! »

Mon pote ne m'a pas vu de toutes les vacances. J'ai passé trois semaines sous la tente avec toi.

Quand je suis rentré chez moi à Troyes, j'étais blanc comme un linge et j'avais la quéquette noire et sèche comme une languette de Ranger's.

Mille mercis à toi.

Tu m'as tout appris.
Je ne t'oublierai jamais.

Jean-Marie Bigard

Lettre à ma Deuxième Fille

Ma chère Deuxième Fille,

Je suis vraiment désolé, j'ai honte, et je vais encore passer pour un mufle, mais je n'ai AUCUN souvenir de toi ! Je suis incapable de te dire si tu étais blonde ou brune ou grande ou petite, était-ce dans une voiture, à la sortie d'un bal, ou dans la chambre d'un pote à l'occasion d'une boum ? va savoir…

Une chose est sûre, c'est que j'ai dû jouir très vite, tellement vite qu'il n'est pas exclu que toi non plus tu n'aies aucun souvenir de moi.

En un sens, ça me console.

Aujourd'hui, tu dois avoir dans les 55/60 ans, j'espère que tout va bien, que tu as un bon mari, de beaux enfants… et petits-enfants.

Je t'embrasse,

Jean-Marie Bigard

P.-S. : Encore pardon, mais à l'époque je ne savais pas que les filles AUSSI pouvaient avoir un orgasme.

Lettre aux Images Désastreuses

Mes chères Images Désastreuses,

Depuis quelques années, vous ornez nos paquets de clopes avec des poumons encrassés, des bouches ouvertes pleines de chicots, des rats crevés, et autres réjouissances… liées à la consommation du tabac. Alors moi dans un premier temps, je dis : « OK, pourquoi pas, puisque votre intention de départ est bonne, c'est d'améliorer la santé des gens pour qu'ils vivent plus longtemps. »

Mais posons-nous la question : de quoi meurt-on le plus ? C'est le sucre et le sel.

Très loin devant tout le reste, tous les autres trucs qui nous tuent, le tabac, l'alcool, la drogue, les accidents de toutes sortes, même les catastrophes naturelles, et je vous rajoute en plus les crimes passionnels, voyez que je ne mégote pas, si j'ose dire… eh bien tous ces fléaux additionnés, c'est de la gnognotte en comparaison des dégâts du sucre et du sel.

Si on supprime le sucre et le sel, on vide les hôpitaux. Alors si on était vraiment honnêtes, et qu'on avait vraiment comme priorité la santé publique, je ne vois pas pourquoi on ne vous imposerait pas, chères Images Désastreuses, sur tout ce qui est sucré ou salé.

Imaginez le tableau : mon pot de Nutella, avec son beau cancer de l'anus sur l'étiquette. Mon Chocoprince, avec le prince édenté, teint gris, sur la table d'opération, la poitrine ouverte, en train de se faire faire un triple pontage. Le petit salé aux lentilles William Saurin, avec sa tumeur du côlon en gros plan. Ma boulangerie, avec des têtes de mort sur les pains au chocolat, les croissants, les brioches. Et pour finir, la petite boîte d'harissa avec l'image d'un trou du cul en fleurs et sa jolie couronne d'hémorroïdes.

Chères Images Désastreuses, si c'est vraiment notre bien que vous voulez, allez au bout de l'idée ! Et sinon FOUTEZ-NOUS LA PAIX !!!

Jean-Marie Bigard

P.-S. : Pour info : mon paquet de clopes est recouvert d'un étui de ma fabrication, où il est écrit, d'un côté : « Deux non-fumeurs sur deux meurent ». Et de l'autre côté : « Ah oui ! c'est vrai ! ». Tous mes amis non fumeurs apprécient de ne pas vous voir.

Lettre à mes Prières

Mes chères Prières,

Vous rythmez ma vie.

Le soir, juste avant de m'endormir, je dis : *« Seigneur, les tâches de ce jour sont maintenant accomplies, c'est toi qui m'as fait me mouvoir, parler, penser, et agir, comme je l'ai fait. Je dépose maintenant mes paroles, mes pensées, et mes actions à tes pieds de lotus. Je te prie, accueille-moi, je reviens vers toi. »*

Et là je m'endors.

Le matin, en me réveillant, je dis : *« Seigneur, je renais du sommeil, et je suis déterminé à entreprendre toutes les tâches de ce jour en te les offrant à toi qui es toujours présent aux yeux de mon esprit. Que toutes mes paroles, mes pensées, et mes actions, soient sacrées et pures. Fais que je ne blesse personne et que personne ne me blesse, daigne me guider et me diriger tout au long de cette journée.* »

Et là je me lève.

Le problème, avec mes prières, c'est qu'il n'y a rien de drôle là-dedans. Mais c'est mes prières.

Jean-Marie Bigard

LETTRE AU MOT « FIN »

Mon cher mot « FIN »,

Tu es le papa de « FINAL » et de « FINALEMENT ».

Finalement, ce serait pas mal de s'arrêter là, parce que si je continue, ça va faire chier tout le monde, et je pense que ce serait mieux de prendre un peu de temps pour réfléchir avant d'écrire une autre histoire... ou pas !!

Jean-Marie BIGARD

DERNIER P.-S. : AU LECTEUR

Mon cher Lecteur,

Si vous me demandez en combien de temps j'ai écrit ce livre… je vous répondrai comme je ne sais plus quel grand peintre…

Quelques heures .... et 58 ans.

Jean-Marie BIGARD

Postface de Laurent Baffie

Je viens de lire le livre de mon ami Jean-Marie Bigard qui a des lettres… je vous le confirme… il en a fait profiter tout le monde…

En les publiant, c'est nous qu'il affranchit car après les avoir lues, on se dit qu'on aurait aimé les écrire.

Mais pour rebondir sur Lola faute de mieux… qui d'autre que lui pouvait écrire à sa bite, à la mort, ou au gynéco de sa femme ?

Qui d'autre que lui pouvait nous interpeller avec autant de ~~verge~~ verve sur des sujets qui ne nous ont, pour certains, jamais effleuré l'esprit ?

En lisant ce livre, vous avez ri, beaucoup,
pleuré, un peu,
et flatulé sûrement !!!?

Vous avez pénétré, sans le vouloir, au cœur de ce que certains appellent la vulgarité…

et vous vous êtes délecté de sa finesse…

Attention, ce livre risque de laisser des traces… sur votre slip !

Laurent Baffie

Table des matières

Composition PCA
44000 – Rezé

IMPRIM'VERT®

Imprimé en France
par Corlet imprimeur
14110 Condé-sur-Noireau
Dépôt légal : avril 2013
N° d'impression : 155264
ISBN : 978-2-7499-1936-2
LAF 1739